A PROPOS DU

DISCOURS

DE

S. M. C. LA REINE D'ESPAGNE

PAR

Léon HILAIRE

De l'Institut Historique de France, de l'Académie Espagnole archéologique et géographique, de l'Institut d'Afrique, etc.

Chevalier des ordres de Charles III d'Espagne et de Saint-Grégoire-le-Grand.

PARIS

CHEZ LES PRINCIPAUX LIBRAIRES.

1865.

Toulouse, imprimerie de J.-B. Cazaux, Petite rue Saint-Rome, 1.

L'Espagne est placée aujourd'hui au premier rang des grandes puissances européennes. Sagement gouvernée par S. M. C. Isabelle II, qui, secondée dans cette tache d'abnégation et de patriotisme par son auguste et royal époux dont les rares qualités commandent le respect et l'admiration, l'antique Péninsule a reconquis la gloire que l'illustre Charles III et le juste Charles IV avaient répandue dans son sein.

L'Espagne est la terre classique des sentiments chevaleresques. *Noblesse* et *loyauté*, telle est la devise de cette valeureuse nation qui sut tenir haut et ferme dans les temps les plus difficiles le drapeau de l'honneur et de la fidélité. « Le progrès, a dit la malveillance, est impuissant devant le parti-pris et les errements d'un autre âge. L'Espagnol se plie peu aux exigences du siècle; ses goûts, ses habitudes et l'influence du climat, mettront un éternel obstacle à sa régénération physique et morale, et nous le verrons toujours marcher dans le sillon creusé par la routine et les idées rétrogrades. »

Mensonge et mauvaise foi!! Le mépris seul doit répondre aux propagateurs de ces faussetés, Zoïles salariés qui se couvrent de honte en insultant un grand peuple! Mais ces hommes vendus au plus offrant et dernier enchérisseur, ne se préoccupent guère d'acquérir l'estime des gens de bien; pour eux, l'or est comme le soleil, il donne à la boue de la consistance!...... Nous ne leur ferons donc pas l'honneur de réfuter leurs infâmes insinuations; il nous suffira de constater que sous le règne glorieux d'Isabelle II les voies ferrées ont décuplé les transactions commerciales, que les arts et les sciences fleurissent, et que l'armée, dirigée par des chefs distingués et rompus au rude métier des armes, s'est immortalisée dans plusieurs campagnes inscrites au livre d'or de la postérité.

Notre dévouement à la monarchie espagnole, dévouement sans bornes que tout le monde connaît, nous impose le devoir de reproduire le discours magistral par lequel sa Majesté Catholique a ouvert ces jours derniers la session des *Cortès*, et d'ajouter impartialement notre opinion à celles qui ont été émises par la presse française et étrangère.

DISCOURS

DE

S. M. C. LA REINE D'ESPAGNE.

MESSIEURS LES SÉNATEURS,

MESSIEURS LES DÉPUTÉS,

« *J'éprouve une vive satisfaction en me voyant*
» *entourée des représentants de la nation, et je*
» *suis profondément convaincue des vœux qu'ils*

» *forment pour le bien et la prospérité de mes peuples.*

» *En inaugurant les travaux que vous allez*
» *entreprendre dans un but si louable, je dois*
» *vous dire que nos relations avec les puissances*
» *étrangères continuent à être satisfaisantes.*
» *J'ai néanmoins à déplorer une exception à*
» *l'égard du Pérou, mais je suis animée de l'es-*
» *pérance qu'une entente cordiale ne tardera pas*
» *à s'établir entre l'Espagne et la République,*
» *sans la moindre atteinte pour notre dignité.*

» *La notification officielle de son avènement*

» *au trône qui m'a été adressée par l'empereur*
» *du Mexique est pour les deux pays le commen-*
» *cement d'une ère nouvelle de relations politi-*
» *ques et commerciales qui se trouvaient mal-*
» *heureusement interrompues.*

» *Les peuples américains rendent hommage*
» *à la loyauté de notre conduite et se pénètrent*
» *de plus en plus de la conviction que les sym-*
» *pathies de l'Espagne sont complètement exemp-*
» *tes de vues et de desseins ambitieux.*

» *Une nouvelle preuve de cette franche et gé-*
» *néreuse politique se trouve dans la consolida-*

» tion des bonnes relations qui nous lient avec
» les états de Nicaragua, de Guatemala et de
» la République Argentine.

» La paix et l'harmonie complète que j'espère
» voir assurées avec toutes les nations du Nou-
» veau-Monde viennent de se réaliser dans nos
» rapports avec l'extrême Orient. Mon gouverne-
» ment a négocié avec l'empereur de la Chine un
» traité qui sera soumis à votre approbation et
» qui nous garantit tous les avantages obtenus
» par les autres puissances.

Le traité de délimitation récemment conclu

» *avec le royaume de Portugal, vous sera sou-*

» *mis également.*

» *De récentes combinaisons diplomatiques*

» *mettent en suspens toute résolution relative*

» *aux affaires d'Italie : mais aussitôt qu'elles*

» *arriveront à une solution définitive, mon gou-*

» *vernement les envisagera au point de vue con-*

» *seillé par la plus délicate prudence et de ma-*

» *nière à éviter la moindre atteinte au respect*

» *et à l'amour filial que l'Espagne professe,*

» *comme nation catholique, pour le père com-*

mun des fidèles.

» *Reportant maintenant mes regards sur notre*
» *patrie, je me vois obligée de vous dire avec*
» *douleur que la situation générale de la monar-*
» *chie, considérée à tous les points de vue, n'est*
» *pas aussi satisfaisante qu'on doit le désirer.*
» *Des projets de loi d'une importance et d'une*
» *gravité considérables vous seront soumis dans*
» *un bref délai pour remédier à cet état de cho-*
» *ses, et j'espère que vous les prendrez en consi-*
» *dération et que vous leur donnerez une solution*
» *conforme à la prudence et au patriotisme dont*
» *vous avez toujours fait preuve pour le plus*
» *grand bien de la nation.*

» Des causes de diverse nature ont placé nos
» finances dans une situation qui réclame un
» mûr et sérieux examen.

» Les progrès de la civilisation moderne, la
» prospérité et la grandeur des nations ne peu-
» vent se réaliser qu'au prix d'efforts que ne re-
» fusent jamais les peuples énergiques et intel-
» ligents.

» J'espère que vous apporterez dans la dis-
» cussion des projets que mon gouvernement vous
» soumettra au sujet de cette grave question

» *l'élévation de vues qui a toujours distingué la*
» *noble nation dont vous êtes les représentants.*

» *Le crédit public sera aussi établi sur une*
» *base indestructible, et avec lui un avenir heu-*
» *reux et conforme à notre passé.*

» *Les modifications qui vous seront proposées*
» *dans la législation sur les sociétés commercia-*
» *les donneront une plus grande impulsion à*
» *l'emploi des capitaux dans la construction*
» *des chemins de fer et autres travaux publics*
» *qui ont une si grande influence sur le déve-*
» *loppement de la richesse.*

» *D'autres projets parmi ceux que vous aurez
» à examiner réclament la même attention ;
» entre autres celui relatif à l'exercice de la
» liberté de la presse, et celui qui concerne les
» mesures à prendre dans le cas improbable
» d'une révolte à main armée.*

» *Un esprit conforme à celui de la constitu-
» tion de la monarchie dominera dans tous ces
» projets : mon gouvernement vous présentera
» en outre un projet de loi pour l'établissement
» et l'organisation d'une garde rurale, chargée
» de défendre la propriété et d'assurer le châti-*

» ment de ceux qui lui porteraient atteinte; deux
» autres projets ont pour but : l'un, le perfec-
» tionnement de l'administration judiciaire,
» l'autre, l'amélioration des retraites militaires.

» Il est juste d'assurer ainsi la récompense
» de services aussi importants que ceux qui sont
» rendus par l'armée et la marine, dont la con-
» duite généreuse est l'un des plus nobles sujets
» d'orgueil pour la nation espagnole.

» La valeur de ses enfants, auxquels elle a
» confié la défense de son drapeau par terre et
» par mer, est toujours la même malgré les

» souffrances. L'héroïsme de l'armée a surtout
» éclaté dans ces régions lointaines où il a été
» soumis aux plus cruelles épreuves et ou il a
» réveillé les sentiments de fraternité et de pa-
» triotisme dont sont toujours animés les habi-
» tants de nos anciennes provinces d'outre-mer.
» Les faits héroïques des uns et la noble loyauté
» des autres sont dignes des plus vifs éloges que
» leur renouvelle ici mon cœur maternel.

» Telle est, Messieurs les Sénateurs et Mes-
» sieurs les Députés, la situation dans laquelle
» vous trouverez les affaires publiques et la per-
» spective qu'elle offre à vos laborieux efforts.

» *J'ai l'assurance que l'amour le plus ardent*
« *pour la patrie et pour ses institutions politiques*
» *vous guidera dans l'exercice de votre mission :*
» *Soyez certains de la gratitude des populations*
» *que vous représentez et de l'appui de la divine*
» *Providence.* »

Ce discours, puisé aux sources de la plus haute sagesse et dans lequel se développe à chaque mot la politique toute maternelle de l'auguste Souveraine, a produit en France une vive sensation.

La reine Isabelle a exposé aux *Cortès* la situation actuelle de son royaume avec cette franchise qui est l'apanage proverbial de ses ancêtres. Les relations extérieures n'ont jamais été plus satisfaisantes ; la notification officielle de l'avènement de l'empereur Maximilien au trône du Mexique, les négociations avec la Chine et les bons rapports qui existent avec les états de Nicaragua, de Guatemala et de la République Argentine, garantissent à l'Espagne un brillant avenir politique et commercial.

Observons surtout ces paroles caractéristiques du royal discours :

« *Les peuples américains rendent hommage*
» *à la loyauté de notre conduite et se pénètrent*
» *de plus en plus de la conviction que les sym-*
» *pathies de l'Espagne sont complètement exemp-*
» *tes de vues et de desseins ambitieux.* »

Les Américains, — personne ne l'ignore, — n'accordent pas facilement leur confiance aux puissances étrangères, aussi, cette sympathie qui est témoignée à l'Espagne par le Nouveau-Monde, vient-elle fournir une nouvelle preuve en faveur de sa politique pleine de droiture.

« *De récentes combinaisons diplomatiques,*
» dit sa Majesté, *mettent en suspens toute réso-*
» *lution relative aux affaires d'Italie. Mais aus-*
» *sitôt qu'elles arriveront à une solution défini-*
» *tive, mon gouvernement les envisagera au*
» *point de vue conseillé par la plus délicate pru-*
» *dence et de manière à éviter la moindre at-*
» *teinte au respect et à l'amour filial que l'Es-*
» *pagne professe comme nation catholique pour*
» *le Père commun des fidèles.*

A ce sujet nous dirons hautement que nous

nous honorons de partager la manière de voir de l'Espagne à l'égard de sa Sainteté Pie IX, ce vénérable représentant de la foi indignement attaqué par l'ambition et la haine. Nous avons déjà stygmatisé (1) les suppôts de l'opprobre et de l'infâmie, misérables valets passant sans pudeur, pour quelques écus, d'une cause sainte à la négation de toutes croyances, et qui s'écriaient audacieusement : « Renver-
» ser le pouvoir temporel est suivre le chemin
» de l'honneur. » .... Pour certaines gens, l'honneur est comme les ongles, il repousse!!.

(1) *Aux Pamphlétaires !* Paris, 1863.

A l'intérieur, plusieurs modifications importantes vont être proposées, entre autres le perfectionnement de l'administration judiciaire, l'amélioration des retraites militaires et l'établissement et l'organisation d'une garde spéciale chargée de protéger la propriété.

Ces projets dont l'exécution ne saurait être douteuse, affermiront le crédit, le perfectionnement de la législation sur les sociétés commerciales et augmenteront la sécurité des populations rurales si dignes de la haute sollici-

tude de S. M. C., mais « *le progrès de la civi-*
» *lisation moderne, la prosperité et la grandeur*
» *des nations ne peuvent se réaliser qu'au prix*
» *d'efforts que ne refusent jamais les peuples*
» *énergiques et intelligents.* » Cette belle et
humanitaire pensée de la reine Isabelle sera
comprise et appréciée, et l'Espagne, cette
terre féconde en héros, poursuivra, comme
elle l'a toujours fait, sa marche ascendante
et glorieuse.

FIN.

www.ingramcontent.com/pod-product-compliance
Lightning Source LLC
Chambersburg PA
CBHW060928050426
42453CB00010B/1892